ALTDEUTSCHE TEXTBIBLIOTHEK

Begründet von Hermann Paul
Fortgeführt von G. Baesecke
Herausgegeben von Hugo Kuhn

Nr. 51

Herrand von Wildonie

Vier Erzählungen

Herausgegeben

von

Hanns Fischer

Zweite, revidierte Auflage
besorgt von Paul Sappler

MAX NIEMEYER VERLAG TÜBINGEN

1969

INHALT

Einleitung VII

Bibliographie X

Text
   I. Die treue Gattin 1

   II. Der betrogene Gatte 10

   III. Der nackte Kaiser 22

   IV. Die Katze 44

Glossar 55

1. Auflage 1959

© Max Niemeyer Verlag Tübingen 1969
Alle Rechte vorbehalten. Printed in Germany
Satz: Buchdruckerei H. Laupp jr Tübingen
Einband von Heinr. Koch Tübingen

VORWORT ZUR ZWEITEN AUFLAGE

Für die zweite Auflage wurde der Text durchgearbeitet, wobei eine Anzahl von Versehen und Inkonsequenzen beseitigt, die Interpunktion verbessert und öfters in den Text eingegriffen wurde. Eine Reihe von problematischen Stellen in III ließ sich dank Curschmanns Fund (s. Einl.) klären; einiges, besonders in den drei übrigen Stücken, ist jedoch nach wie vor verdächtig. Auch der erneute Vergleich mit einer Fotokopie der Handschrift blieb nicht ergebnislos. Um das Bändchen für den mittelhochdeutschen Anfangsunterricht geeigneter zu machen, wurde ihm ein knappes Glossar beigegeben.[1]

Hanns Fischer, der im August 1968 tödlich verunglückt ist, hatte mich als seinen Assistenten mit der Vorbereitung der Revision betraut. Bei der Ausführung habe ich mich im ganzen an seine editorischen Absichten gehalten, im Einzelfall aber mir ein eigenes Urteil zu bilden gesucht. Wertvoll war es mir, seine Vorarbeiten verwenden zu dürfen[2]: einige Vorschläge, besonders zur Interpunktion, in seinem Handexemplar, Notizen zur sprachlichen Herstellung der ersten Auflage und Randbemerkungen zu den wichtigeren von Curschmanns Emendationen.

Februar 1969   P.S.

---

[1] Bei der Kollation und der Ausarbeitung des Glossars unterstützte mich Herr Dirk Hartmann.
[2] Bei Eingriffen gegen die Überlieferung wie üblich im Apparat angezeigt.

EINLEITUNG

Die vier kleinen Verserzählungen Herrands von Wildonie, des bekannten steirischen Ministerialen aus der Zeit des Interregnums, sind nur in der 250 Jahre jüngeren Handschrift Ser. Nov. 2663 der Österreichischen Nationalbibliothek in Wien (Bl. 217ra bis 220va), dem sogenannten Ambraser Heldenbuch[1] überliefert.[2] Was vom alten Wortlaut durch die frühneuhochdeutsche, tirolisch gefärbte Sprachform[3] hindurch erkennbar geblieben ist, bietet für eine Rekonstruktion des ursprünglichen grammatischen und orthographischen Bildes keine genügend sichere Grundlage.[4] Nach dem Vorgang früherer Herausgeber gebe ich

---

[1] Zuletzt beschrieben durch F. Unterkircher, Der Schlern 28 (1954) S. 4–15 und durch H. Menhardt, Verzeichnis der altdeutschen literarischen Handschriften der Österreichischen Nationalbibliothek. Bd. 3. Berlin 1961. S. 1469–1478.

[2] Eine Umsetzung des 'Nackten Kaisers' in Prosa hat unlängst M. Curschmann in einer Stuttgarter Handschrift des 15. Jahrhunderts aus dem Kloster Reutin bei Calw (Württembergische Landesbibliothek Stuttgart Cod. theol. et phil. 4° 81) entdeckt (s. Bibliographie). Der dort überlieferte Wortlaut leistet trotz allen durch die Prosaisierung bedingten Veränderungen hier und da wertvolle Hilfe bei der Konstituierung des Textes (s. die Ausführungen Curschmanns).

[3] Vgl. Th. P. Thornton: Die Schreibgewohnheiten Hans Rieds im Ambraser Heldenbuch. Diss. (Johns Hopkins University) Baltimore 1954; Auszug unter dem gleichen Titel in der Ztschr. f. dt. Philologie 81 (1962) S. 52–82.

[4] Dies gilt mit geringen Ausnahmen auch für die übrigen Texte dieser Handschrift; vgl. z. B. 'Erec' (Leitzmann-Wolff ATB 39), 'Kudrun' (Symons-Bosch ATB 5), 'Moriz von Craûn' (Pretzel ATB 45), 'Helmbrecht' (Panzer-Ruh ATB 11), 'Die böse Frau' (Helm-Ebbinghaus ATB 46).

daher dem Text unter Verzicht auf dialektologische Ambitionen die gewohnte Gestalt unserer großen mittelhochdeutschen Editionen, um so die als Sprachdenkmal verlorenen Gedichte wenigstens als Literaturdenkmal wieder zugänglich zu machen. Die Ergebnisse älterer textkritischer Forschung, vor allem die der beiden Gesamtausgaben von J. Bergmann und K. F. Kummer, sind kritisch gesichtet und zum Teil verwertet worden; an Stelle der Handschrift wurde eine von der Wiener Bibliotheksverwaltung freundlich besorgte Fotokopie benutzt.

Der Apparat ist klein gehalten; er belegt nur die lautlich bedeutsamen (nicht die rein orthographischen) Abweichungen von der handschriftlichen Lesung, soweit sie nicht bereits in der Einleitung summarisch genannt werden. Von den Emendationsvorschlägen sind (mit wenigen Ausnahmen) nur die in den Text aufgenommenen angeführt, und zwar jeweils mit Bezeichnung ihres Urhebers im Apparat. Lediglich durch Kursivsatz im Text sind die mit Rücksicht auf Rhythmus und Wortbild ergänzten (vom Schreiber meist ganz planlos syn- und apokopierten) *e*, ferner die wieder eingefügten (verallgemeinernden) *s*- kenntlich gemacht.

In folgenden Punkten wurde grundsätzlich vom überlieferten Wortlaut abgegangen:

1. Orthographie und Lautstand:

Nach Maßgabe der Etymologie ist *ei (ey)* durch *î*; *au (aw)* durch *û* oder *ou (ouw)*; *eu (ew)* durch *iu (iuw)*; *ai* durch *ei* (selten *î*); *ů (u)* durch *uo* (selten *ů* durch *u*); *e (ě)* durch *æ*; *ee* durch *ê* oder *e*; überall *y* durch *i* wiedergegeben. Vereinfacht sind etymologisch nicht gerechtfertigte Konsonantengeminationen (das Umgekehrte war nur selten nötig), erleichtert sonstige Konsonantenhäufungen (*tz, rtz, mb, mbd, gk, ck* usw.). Die Schreibung von *b* und *p*; *d* und *t*; *g* und *c*; *k* und *c*; *ch* und *k*; *s(ss)* und *z*; *f* und *v*; *v* und *u*; *j* und *i* ist ebenso wie Worttrennung und Wortverbindung in der üblichen Weise geregelt. Ersetzt ist weiterhin *th* durch *t*; seltenes *pf* durch *ph*; wo erforderlich auch *cht* durch *ht*; *zw* durch *tw* und *sch* durch *s*. Abkürzungen *(n̄ = en*; seltenes *ē* = *en* und ˢ = *r,er)* sind aufgelöst. Majuskeln sind nur für Eigennamen und Abschnittsanfänge verwendet.

2. Formen und Wörter:

Wiederhergestellt ist die hsl. durchwegs zu *-e* abgeschwächte Endung *-iu*, ebenso der Artikel *diu* aus hsl. *die*. Das Pronomen der 3. Person Nom. (Acc.) Sg. Fem. und Nom. (Acc.) Pl. (hsl. *sy*) ist durch *sî* (Reimbeleg: III, 659f.) wiedergegeben, der hsl. meist ungeschiedene Dat. und Acc. Pl. des Personalpronomens der 2. Person durch *iu* bzw. *iuch*, *diser* durch *dirre* (außer IV, 53), hsl. *da* (hsl. *do* begegnet selten) bei temporalem Sinn durch *dô*, bei lokalem durch *dâ*. Geregelt ist schließlich die schwankende Schreibung der mit *dâ, dar* verbundenen konsonantisch anlautenden Präpositionaladverbien, und zwar in folgender Weise: *dâ* vor *bî, für, vor, von, nâch, hinder*; *dar* vor *zuo, nider*. Ständig ersetzt sind außerdem folgende hsl. Schreibungen: *reiwter* (und ähnlich) durch *ritter*; *mare* durch *mære*; *sólch* (und flektierte Formen) durch *solh* (und flektierte Formen); *ymmer, nymmer* durch *iemer, niemer*; *yemand, niemand* durch *ieman, nieman*; *yndert (ynndert), nindert* durch *iendert, niendert*; *nit* (und *nicht*) durch *niht*; *(ir) solt* durch *(ir) sult*; *waynende, wainende* (III, 525 einmal *wainde*) durch *weinent*; *awe* durch *owê*.

# BIBLIOGRAPHIE

I. Ausgaben

Joseph Bergmann: Des steyermärkischen Herrn und Sängers Herant von Wildon vier poetische Erzählungen aus der Mitte des dreyzehnten Jahrhunderts. (Wiener) Jahrbücher der Literatur. Anzeige-Blatt für Wissenschaft und Kunst Nr. 95 (1841) S. 1–32. Nr. 96 (1841) S. 32–54.

Karl Ferdinand Kummer: Die poetischen Erzählungen des Herrand von Wildonie und die kleinen innerösterreichischen Minnesinger. Wien 1880.

Friedrich Heinrich von der Hagen: Gesammtabenteuer. Stuttgart und Tübingen 1850. Bd. 2, S. 332–347 (= Nr. XLIII) ['*Der betrogene Gatte*']. Bd. 3, S. 713–719 (Nachträge) ['*Die treue Gattin*'].

Hans Lambel: Erzählungen und Schwänke. Leipzig ¹1872. S. 191 bis 210 und ²1883. S. 203–223 (= Deutsche Classiker des Mittelalters 12) ['*Der betrogene Gatte*'].

II. Abhandlungen

Karl Ferdinand Kummer: Das Ministerialengeschlecht von Wildonie. Arch. f. österr. Geschichte 59 (1880) S. 177–322 [*Biographisches*].

Edward Schröder: Herrand von Wildon und Ulrich von Liechtenstein. Nachrr. von der Kgl. Gesellschaft d. Wissenschaften zu Göttingen. Phil.-hist. Kl. 1923, S. 33–62 [*Sprache, Verstechnik, Quellenfrage, Textkritik*].

Alfred Kracher: Herrand von Wildonie. Politiker, Novellist und Minnesänger. Blätter für Heimatkunde (Hrsg. vom Historischen Verein für Steiermark) 33 (1959) S. 40–53.

Michael Curschmann: Zur literarhistorischen Stellung Herrands von Wildonie. Dt. Vierteljahrsschrift 40 (1966) S. 56–79.

Michael Curschmann: Ein neuer Fund zur Überlieferung des *Nackten Kaiser* von Herrand von Wildonie. Ztschr. f. dt. Philologie 86 (1967) S. 22–58.

Textkritische Beiträge enthalten noch folgende Besprechungen der Ausgabe Kummers:

Literaturblatt f. germ. u. roman. Philologie 1 (1880) Sp. 321–323 (Wilhelm Wilmanns),
Göttingische gelehrte Anzeigen 1881, S. 1234–1244 (Karl Bartsch),
Anzeiger f. dt. Altert. 7 (1881) S. 151–164 (Oswald Zingerle),
Ztschr. f. d. österr. Gymnasien 33 (1882) S. 215–228 (Hans Lambel).

Von den Besprechungen der ersten Auflage der vorliegenden Ausgabe seien genannt:

Beiträge (Tübingen) 81 (1959) S. 399–401 (Hermann Menhardt),
Germanistik 1 (1960) Nr. 908 (Günther Schweikle),
Muttersprache 1961, S. 246 (Ludwig Wolff),
Neophilologus 45 (1961) S. 81 (Cornelis Soeteman).

Weitere Literatur ist verzeichnet:

Die deutsche Literatur des Mittelalters. Verfasserlexikon. Hrsg. von W. Stammler und K. Langosch. Bd. 2. Berlin und Leipzig 1936. Sp. 429 f.
Deutsche Liederdichter des 13. Jahrhunderts. Hrsg. von C. von Kraus. Bd. 2 Kommentar. Besorgt von H. Kuhn. Tübingen 1958. S. 635.
Der Stricker. Tier*bispel*. Hrsg. von U. Schwab. 2., erg. Aufl. Tübingen 1968. (= ATB 54.)
Hanns Fischer: Studien zur deutschen Märendichtung. Tübingen 1968. S. 325 f.

VERWENDETE SIGLEN

- Ba = Bartsch (GGA)
- Be = Bergmann (Ausgabe)
- C = Curschmann (ZfdPh)
- F = Fischer (1. Aufl. und Handexemplar)
- He = Heinzel (in Kummers Ausgabe)
- Ha = von der Hagen (Gesammtabent.)
- K = Kummer (Ausgabe)
- La = Lambel (Erz. u. Schw. 1. Aufl.)
- L = Lambel (Zs. f. d. ö. Gymn.)
- S = Schröder (GGN)
- W = Wilmanns (Literaturblatt)
- Z = Zingerle (AfdA)

Die Lesart der Ambraser Handschrift ist stets ohne Sigle unmittelbar hinter der Lemmaklammer angeführt. In III steht die Sigle s bei einer Emendation, wenn sie auf der Prosafassung der Stuttgarter Handschrift beruht oder durch sie gestützt wird.

I
Die treue Gattin

Diu getriu kone

|| Wir suln von lieben dingen sagen [CCXVII ra]
und leider mære gar gedagen,
wan sî tuont wê dem herzen gar.
ich hân alliu mîniu jâr
5 mit leiden mæren her verzert,
dâ von ich freuden bin behert.
wan guotiu mære machent frô;
diu leiden hân*t* getân mir sô,
daz ich ir williclîche enbir.
10 *s*wâ diu wal stât an mir,
dâ wel ich, daz mir rehte kumt
und mich an mînen freuden frumt.
nu ist daz mîn meistez leit,
daz mir diu wal ist gar verseit.
15 sît mir nieman niht wil sagen,
daz mir von reht*e* müge behagen,
sô bin aber ich sô wolgemuot,
daz ich vil lieber sage guot,
dan daz mir niht gezæ*m*e
20 und ieman freude næm*e*.
dâ von wil ich ein mære sagen,
daz iu von rehte muoz behagen.

Überschrift: Ditz pŭechel haysset die getrew kone.   1 suln *Be*] sŭllen.
8 hânt *K*] han.   9 enbir *K*] empier.   10 swâ *Be*] wo.   19 dan *Ha*]
daz.   20 sein *vor* fr. *streicht Ba.*

Ein ritter het ein schœne wîp,
diu was im liep als sîn lîp.
25 daz was billîch: ir schœne was
durchliuhtic als ein spiegelglas;
dar zuo was sî den vollen guot.
swâ ein wîp ist sô gemuot,
daz sî bî schœne güete hât,
30 der lîp billîch ze loben stât.
diu reine was sô êrbære,
daz ir man kein herzenswære
von den dingen nie gewan;
dâ von mohte er sî gerne hân.
35 sî was an zühten sô volkomen,
daz nie niht wart von ir vernomen,
daz man für unzuht möhte hân;
dar umb was *sî* ouch liep ir man.
sî bôt ez sînen friunden wol,
40 den gesten, als ein frum wîp sol.
ir wirt was an dem lîbe ein man,
daz er was niht sô wolgetân,
als er ez gerne het gesehen.
von im wil ich der wârheit jehen:
45 er was gerumphen unde klein.
der ritter vor den liuten schein,
als er wær hundert jâr alt;
des er doch niht gên ir entgalt:
er dûhte sî schœne als Absolôn
50 und sterker danne Sampsôn.
in ir herzen wart nie man,
den sî für in wolte hân.

vor 23 neue Überschrift: Hie hebt sich an das pûechel. 28 swâ *Be*]
wo. 34 mohte *BeF*] môcht. 38 sî *ergänzt K*. 47 er *Be*] es. 48
des er *Ha*] daz es; gên *Be*] gegen. 49 schœne *K*] schôner. 51 ir
F] jrem.

daz machte ir grôziu frümikeit,
daz ander: er was gar bereit
55 ze alle diu, daz iemer man
an allen êren mac begân.
daz tet er allez völliclîch,
als ob er wære ein keiser rîch
gewesen und ein der schœnste man,
60 den al diu werlt ie gewan.
willic sînes muotes,
sînes lîbes, sînes guotes,
was er gar den undertân,
an den er êre solte begân.
65 dâ von wart sîn unflætikeit
in allen landen hingeleit.
Nu kam ez nâch gewon- || heit, [CCXVII rb]
daz dem ritter wart geseit
von einem urlouge grôz.
70 dar fuor vil manic sîn genôz;
dar fuor ouch er durch sînen muot
und tet ez dâ sô rehte guot,
daz man im dâ des prîses jach
für alle die, *die* man dâ sach
75 (und wære er dâ heime beliben,
sô müeset ir iuch hân verzigen,
daz ich iu niemer het geseit
von aller sîner frümikeit).
dô er daz beste het getân,
80 dô muose ouch er aldâ enphân
etelîchez herzenleit,
daz manigem was vil unbereit,
der ze hinderst was dâ bî

---

53 machte *Be*] machet; frümikeit *K*] frŭmbkait.   **55** ze *Be*] zů.   **59** schœnste *Be*] schôneste.   **60** al *Be*] alle; werlt *K*] welt.   **64** solte *Be*] sŏlte.   **74** *ein zweites* die *ergänzt Ba.*   **77** het *He*] han.   **78** frümikeit *K*] frŭmbkait.   **80** muòse *F*] mŭst; enphân *Be*] emphan.

3

(von dem bin ich der sage frî).
85 ein ouge im ûzgestochen wart
    von einem, der sich ûf in spart
    al die zît und in dô neit
    umbe alle sîne frümikeit.
    dem ritter tet sîn smerze wê,
90 iedoch klagte er daz michels mê,
    als er sîn wîp an solte sehen,
    daz ir wær leit an im geschehen.
    wan ir leit daz was daz sîn,
    sîn leit was ouch ir leides pîn.
95 Sîner swester sun der wart
    sîn gereise ûf dirre vart;
    er was im ouch durch zuht verlân.
    den nam er von den liuten dan
    und sprach: «getriuwer friunt, nu var
100 und sage der reinen süezen klâr,
    mîn dinc sich habe gefüeget sô,
    daz ich sî iemer mêr unfrô.
    ich was ê niht ein flætic man;
    nu habe mir got alsô getân,
105 daz ich mich schame, daz sî billîch,
    und welle ouch alliu tiutschiu rîch
    rûmen und alliu diu lant,
    dâ ich bî namen bin bekant.
    und sage der süezen, daz ir bî
110 mîn herze in allen landen sî,
    swar ich iemer mêr süle komen.
    ich habe dâ nie von ir vernomen
    offenbâr noch heimlîch,
    dâ mit sî habe versmæhet mich.
115 ir zuht sî habe des niht erlân,

87 und *K*] v̆ntz.   88 frümikeit *K*] frŭmbkait.   90 klagte *Be*] klaget.
107 rûmen *Ha*] paẃen.   111 swar *S*] wohin; süle *F*] sol.

sî habe die êre mir getân,
daz ir diu werlt sol dester baz
sprechen. friunt, nu sage ir daz,
ich müge sî niemer mêr gesehen.
120 du solt ir des von mir verjehen:
ir schœnem lîbe, ir varwe klâr,
den müese ich sîn ein marter gar,
solte ich ir fürbaz wonen bî.
der marter sol sî wesen frî.
125 sît ich ir niht gedienen mac,
sô sol ouch sî deheinen tac
von mir gewinnen niemer leit.»
　　Der bote weinent von im reit
und kam hin, dar er wart gesant.
130 diu frouwe gienc gên im zehant;
sî vienc in zuo ir unde sprach:
«vor maniger zît ich nie gesach
deheinen boten alse gern,
und wilt du lieber mære wern
135 mich, friunt, von dem neven dîn.
sage an: ist frô der hêrre mîn?»
daz kindel weinent sprach gên ir:
«er hât enboten, frouwe, dir
sîn dienest, unde swâ er sî,
140 sô wone dir doch sîn herze bî.
daz hâst du wol gên im versolt.
ez habe nie schœne wîp gedolt
mit solhen zühten keinen man,
und der als übel wær getân.
145 sîn lîp || wær dir ievor ze swach;　　[CCXVII rc]
nu sî ein solher ungemach
im geschehen, daz er dir bî

117 werlt *K*] welt.　　121 schœnem lîbe *K*] schonen leib.　　122 marter *Be*] martrer.　　130. 137 gên *Be*] gegen.　　135 friunt *He*] freůt; neven *S*] Neůen.　　138 enboten *Be*] empoten.　　139 swâ *Be*] wo.　　145 ievor *S*] ye.

ze smæhe an dînem bette sî
und müge dich niemer mêr gesehen.»
150 diu reine sprach: «waz ist geschehen
im, an dem mîn freude stât?»
der bote sprach: «ein ouge er hât
verlorn und doch vil ritterlîch.»
diu guote sprach: «friunt triuwen rîch,
155 nu renne balde und bite in komen,
und ich habe von im vernomen,
daz mir fürwâr gevalle niht.
des smerzen habe ich mit im phliht
billîchen, wan ez ist ein lîp.
160 ich bin ouch sô gemuot ein wîp,
daz mir ist als liep mîn man:
und solte er tûsent ougen hân
(und daz im diu stüenden wol),
sô wil ich unde billîch sol
165 sîn einic ouge hân sô zart,
daz mîn herze daz bewart,
daz ez gedenken müge dar an,
ob ez im übel süle stân.»
«frouwe, ich sol dich triegen niht:
170 mîn reise diu ist gar enwiht.
dâ von lâ mich belîben hie.
nu weist du wol, daz er daz nie
gegen dir kein zît gebrach,
swaz er ernestlîchen sprach.»
175 «nu wolte got», diu reine jach,
«daz an mir al sîn ungemach
læge, und daz er wære ein man
als schœne, als er sich wolte hân.
ich hœre daz wol, ich muoz enbern

148 smæhe *K*] schmahe.   153 verlorn *Be*] verloren.   154 guote *Be*]
guete.   168 süle *Be*] solle.   177 læge *Be*] lage.   179 muoz *Be*]
mues; enbern *K*] emperen.

180 sîn, den ich doch hete gern.
daz ist ein jæmerlîchiu nôt,
wan âne in sô bin ich tôt.
nu bitte ich, lieber friunt, dich,
daz du in sehest noch durch mich
185 und füerest im mîn kleinât hin.
nu warte mîn, unlange ich bin.»
diu guote gienc von im zehant
in ir kemenâten, dâ sî vant
ein schære, und stach vil balde dar
190 ir selben ûz ein ouge gar,
daz ez ir über ir wengel ran.
alsô bluotic gie sî dan
für den boten. der erkam;
mit beiden handen er sich nam
195 ze hâre und schrei: «wê iemer ach,
sô grôziu dinc ich nie gesach!
frouwe guot, waz sol daz sîn?»
sî sprach: «nu sage dem hêrren dîn,
daz er her kume und sehe mich an:
200 dunke ich in noch ze wolgetân,
ich neme dem andern sînen schîn
(sô liep ist er dem herzen mîn);
und welle ich im verwîzen iht,
daz er mit einem ougen siht,
205 sô müge er wol von wârheit jehen,
ich müge ouch wan mit einem sehen.»
sî sprach: «var hin, *vil* lieber knabe,
und bite in des, daz er sî abe
solhes muotes und her kome,
210 daz sî im iemer an mir frome.»
  Der knabe weinent von ir gie,
wan im wart sô leide nie.

181 jæmerlîchiu *Be*] jammerliche.   185 füerest *S*] füer.   196 grazziu *erwägt F*] grosse.   193 erkam *L*] dar kam.   207 vil *ergänzt S*.

er saz ûf, im was vil gâch.
als er den hêrren sîn ansach,
215 weinent lief er gên im dar
und sagte im allez daz vil gar,
daz er dâ heime het gesehen;
und *s*wes diu guote het verjehen,
des selben er aldâ gewuoc.
220 der ritter sich zen brüsten sluoc.
er sprach: «owê mir iemer wê!
ich het dar baz geriten ê.
|| ach, daz ich ie wart geborn! [CCXVII va]
wie hât mîn schœn*e* wîp verlorn
225 ir ouge. wê, daz ich ie wart!»
der hêrre von der swarten zart
sîn hâr. ein ritter zuo im spranc,
der sprach: «nu hab*e* sî iemer danc;
sî hât iu daz erzeiget wol,
230 daz sî ist gên iu triuwen vol.»
daz wort im als*e* nâhen gie,
daz er ein kraft dâ von gevie
und dâht*e*: «mir sagt wâr der man.
ich wil sî des*ter* lieber hân.
235 wan sî hât erzeiget mir,
daz sî hât gên mir friundes gir.»
er sprach zem boten: «balde var,
vil lieber friunt, und bewar,
daz sî ir mêr iht schaden tuo
240 (ich strîche spât*e* und*e* fruo
zuo der vil reinen wandels frî),
und sag*e* ir, daz ich iemer sî
nâch ir willen umb die tât,
die sî an mir erzeiget hât.»

215 gên *Be*] gegen.   216 sagte *K*] saget.   217 dâ heime *Be*] dahaymen.   218 guote *Be*] guete.   220 zen *Be*] zun.   224 verlorn *Be*] verloren.   234 dester *F*] dest.   237 zem *Be*] zu dem.   239. 240 tuo: fruo *Be*] thue: frue.

245 Er îlte nâch im, im was gâch.
als er die minniclîchen sach,
vor liebe weinent lief er dar.
diu reine minniclîche klâr
sprach: «friunt, lieber hêrre mîn,
250 du solt mir willekomen sîn.»
der hêrre sprach: «owê, wie sol
ich, liebiu, dich ergetzen wol
dînes smerzen, den dîn lîp
hât durch mich, vil wîplich wîp,
255 enphangen? wê der mînen tât,
die mîn lîp begangen hât!»
diu guote sprach: «und wilt du mich
ergetzen wol, daz lêre ich dich,
sô solt du des getrouwen mir,
260 daz niuwan gên dir stê mîn gir;
und lâz ouch mich dir wol behagen.
und solte ich tûsent ougen tragen
und gevielen dir diu niht,
sô solten sî mir sîn enwiht.»
265 Swer vor die frouwen gerne sach
durch die schœne, der man ir jach,
der sach sî nu vil lieber an
durch die triuwe, die sî ir man
erzeiget het; daz was billîch,
270 wan sî was schœne und triuwen rîch.
dâ von sî baz ze loben stât
dan manigiu, diu zwei ougen hât.
 Swaz noch getriuwer konen sî,
die tuo got alles leides frî.
275 den allen sol ich sîn bekant
von Wildonie Herrant.

---

255 enphangen *Be*] emphangen. 260 niuwan *K*] nún; g.d. stê *F*] stee g.d. 268 die sî ir *Be*] diser. 274 tuo *Be*] thúe.

II

Der betrogene Gatte

Der verkêrte wirt

|| Âventiure swer die seit, [CCXVII vb]
der sol die mit der wârheit
oder mit geziugen bringen dar:
ob ez ein hübscher habe für wâr,
5 sô wil lîhte ein unhübscher jehen,
ez enhabe nieman gesehen.
sus getânez strîten
wil ich an disen zîten
zefüeren mit der wârheit.
10 wan mir ein ritter hât geseit
dise âventiure,
des lîp ist sô gehiure
und an êren sô volkomen:
swaz ich hân von im vernomen,
15 daz ich daz mit êren mac
wol breiten an den liehten tac.
    Hêr Uolrîch von Liehtenstein,
der ie in ritters êren schein,
sagte mir ditz mære,
20 daz ein ritter wære
ze Frîûl gesezzen
(und hât er sîn vergezzen,

Überschrift: Das půechel haysset der verkerte wirt.   1 Âventiure *Be*] Abentewr.   5 wil lîhte *Be*] villeichte.   6 ez enhabe *Ha*] yetzñ hab.   7 sus *Be*] sunst.   11 âventiure *Be*] abenthewr.   16 breiten *Be*] beraiten.   18 in *ergänzt Be.*

daz er in mir niht hât genant,
sô tuon ouch ichz iu niht bekant).
25 der selbe ritter het ein wîp,
diu het ein *als*ô schœnen lîp,
daz sî was guot ze sehen an;
dâ bî was vil alt der man.
sîn hof an einer eben*e* lac;
30 dâ hinder was ein schœne hac.
ûz gên dem hag*e* ein ärker gie,
dâ er des nahtes ruo enphie.
nu was gesezzen nâch bî in
ein ritter, der het sînen sin
35 gewendet an ditz schœne wîp.
dem selben ritter was der lîp
ze solhen dingen wol gestalt,
des er niht gegen ir entgalt.
  Nu er gedienet het sô vil,
40 daz diu frouwe im gap ein zil,
wie sî im lônen wolte:
der ritter gerne dolte
disiu mære, wan er nie
sô rehte guotiu mære enphie.
45 der bot*e* sprach: «mîn frouwe iu hât
enboten, daz ir lîse gât
hin zuo dem hûse und in dem hage
wartet und*e* vor dem tage
gâhet under den ärker.
50 dâ vindet ir nâch iuw*e*r ger
an einer snuor ein vingerlîn
hangent, daz diu frouwe mîn

26 alsô *S*] so. 31 gên *Be*] gegen; ärker *Be*] aˢgker. 32 ruo *K*] rue; enphie *Be*] emphie. 33 nâch *Be*] nahen. 35 gewendet *HaF*] gewonet. 40 im g. *Be*] g. im. 44 enphie *Be*] emphie. 46 enboten *K*] empoten. 47 dem hage *Be*] den h. 49 ärker *Be*] aˢgker.

hât gebunden an ir fuoz.
daz ziehet; al zehant sî muoz
55 sîn werden inne, daz ir sît
hie, und kumt iu an der zît.»
　　Der ritter sleich hin bî der naht,
als sîn diu frouwe het gedâht.
er vant snuor und daz vingerlîn
60 hangent nâch dem willen sîn.
dô greif er zuo und zucte dar.
nu wart der wirt der snuor gewar,
wan sî im gie über ein sîn bein.
dô in daz twanc, er wart enein,
65 er wolte wecken niht sîn wîp
und doch besehen, waz im den lîp
besiffelt; stille greif er dar.
nu wart er schiere des gewar,
wâ diu snuor gebunden was.
70 die selben snuor er alles las
unz an ein ende in sîne hant.
dô er daz vingerlîn dâ vant,
dô erschrac sîn alter lîp.
er dâhte: «ez wil niht wol mîn wîp.»
75 vor leide im viel daz vingerlîn
unwizzent von der hende sîn.
er spranc ûf von dem bette sîn
und ‖ lief, dâ er ein türelîn　　　　　　[CCXVII vc]
wiste gênde in daz hac.
80 der ritter, der dâ wartens phlac,
gedâhte: «ez ist diu frouwe mîn.»
dô er daz kleine türelîn
hôrte ûfgân, er gâhte dar.

53 ir *Be*] Iren.　　55 ir *Be*] Irs.　　59 die *vor* snuor *streicht L.*　　60 hangent *S*] hangen.　　61 zucte *Be*] zugkhete.　　63 das *vor* ein *streicht Be.*　　69 wâ *K*] wo.　　70 selben *Ha*] selbe.　　71 als *vor* in *streicht Be.*　　76 unwizzent *La*] vnwissende.　　79 wiste *Be*] wisset.　　83 hôrte *Be*] hôret.

     der wirt erwischte in bî dem hâr
85 und schrê nâch dem gesinde sîn.
     der gast gedâhte: «wer ich mich dîn,
     sô kumt diu frouwe mîn in wort;
     sô bin ich an den êren mort.
     ich hân mich schiere dir benomen.
90 du bist ân swert und mezzer komen:
     sô hân ich bî mir mîne wer;
     dâ von hân ich dir überher.»
     von des wirtes ruof erschrac
     diu frouwe, diu vor slâfes phlac.
95 sî zucte balde an sich ir wât
     und dâhte: «owê, mîn man der hât
     disen ritter funden hie.»
     sî lief, niht blîde sî dar gie,
     und spranc ze in beiden in daz hac.
100 iezuo der obe, der under lac.
     sî sprach: «wie nu, waz sol daz sîn?
     vil lieber wirt, bedarft du mîn?»
     er sprach: «dâ wiste ich gerne, wer
     dirre wære, der mir her
105 ist bekomen ûf mînen schaden.»
     sî sprach: «des wirst du lîhte entladen.
     gip mir in her und brinc ein lieht;
     und gibe ich dir hin wider niht,
     waz du mir gîst in mîne hant,
110 sô habe mîn houbet dir ze phant.»
     der wirt gedâhte: «lâze ich sî gân
     dâ hin, dâ mêr dan zehen man
     ligent, unde zünden lieht,

---

84 erwischte *S*] derwischet.   86 wer *Be*] were.   90 ân s. u. m. *Be*] one s. vnd on m.   93 ruof *Be*] rûeff.   99 ze in *F*] zu in.   100 iezuo *Be*] yetzo; ander *vor* under *streicht Be*.   102 bedarft *Be*] bedarfst.   103 wiste *Be*] wisset.   104 mir *Ha*] mein.   113 zünden *Ha*] zûndent.

ich wæn, mêr schaden dâ geschiht
115 danne von dem einen hie.»
er sprach: «nemt hin und merket, wie
ich iu bevilhe disen man.
und lât ir in, sô sît ir dran
schuldic, daz er her ist komen:
120 sô wizzet, daz iu wirt benomen
hie der lîp an sîner stat.»
diu frouwe sprach: «swaz ir mir lât,
daz wil ich iu hin wider geben,
oder ir nemt mir mîn leben.»
125 er gap in ir und lief dâ hin
nâch einem lieht, daz was sîn sin.
der ritter sprach: «ich bin her komen
iu leider, frouwe, niht ze fromen.»
diu frouwe sprach: «gêt, wartet mîn,
130 hin in den hof.» «des mac niht sîn»,
sprach der ritter, «schœne wîp.
nu habt ir für mich iuwern lîp
besat; ê danne ich den verlür,
den tôt ich ê mit willen kür.»
135 sî sprach: «nu sorget niht umb mich!»
er kuste sî: «got der segene dich!»
waz sî dô tet, daz weiz ich wol,
und weiz, wie ichz iu nennen sol:
wan einen esel, den sî vant,
140 den nam diu frouwe sâ zehant
bî sînen ôren und habte in.
nu hât daz kunter solhen sin,
daz ez im niht wol gezimt,
swer ez bî den ôren nimt.

---

118 dran *Be*] daran.   126 lieht *Ha*] liechte.   128 fromen *Be*] frumen.
133 besat *Be*] besetzet.   136 kuste *K*] kûsset.   140 sâ *Be*] so.
141 habte *La*] habet.

145 daz kunter hinder sich dô gie;
daz hac *en*wart sô dicke nie,
ez endente sich dar in.
sî dâh*te*: «und lâze ich dich, sô bin
ich schuldic gar umb disen man;
150 wan ich dich wil ze worte hân.»
dorn, nezzel, manic ast
was dâ niht der frouwen gast,
wan sî ir nâhen wâren bî;
aller kleider wart sî frî.
155 dô diu frouw*e* wart gar blôz,
von bluote ir schœner lîp hingôz.
|| inne des lief zuo der wirt;   [CCXVIII ra]
unlange het er sich verirt.
dô brâh*te* er ein*e* pühel grôz,
160 diu bran; die frouw*en* des verdrôz,
daz er sô lange was gewesen.
diu frouw*e* schrê: «ich mac genesen
niht, ir ungetriuwer man,
von dem, daz ir mir habt verlân.»
165 nu lief er blâsent (im was gâch),
dâ er sîn wîp in nœten sach;
er wol*te* ir helfen. dô er vant
ditze kunter in ir hant,
dô erschrac er und*e* sprach:
170 «owê, daz ich iuch ie gesach!»
er sprach: «war ist komen der man?»
sî sprach: «nu seht, daz ich hie hân,
daz ir mir gâ*b*et in mîn hant,
sô ir dem tiuv*e*l sît bekant!»
175 er sprach: «gât slâfen, ich weiz wol,
daz ir sît bœser triuwen vol.»

146 enwart *La*] ward.   157 inne *La*] jne.   160 frouwen *Ba*] fraw.
165 blâsent *K*] plasende.   168 ir *Be*] jrer.   176 triuwen *Be*] vntrewen.

15

Der wirt gienc slâfen, und sîn wîp
saz vor dem bette. schier sîn lîp
entslâfen was. diu frouwe gie,
180 dô sî in sach sus müeden hie,
hin in den hof und bat ein wîp,
der gevater was ir lîp.
sî sprach: «gât zuo dem wirte mîn
und sitzet für daz bette sîn.
185 ret er mit iu, sô swîget ir.
ich kume iu, daz geloubet, schier.»
sî sprach: «waz habt ir getân,
daz ir niht selber welt dar gân?»
diu frouwe sprach: «ein zornelîn
190 ist zwischen uns. nu lât daz sîn,
ob er iuch slahe (des ist vil);
daz selbe ich widerdienen wil:
ich wil iu geben ein halp phunt.»
sî dâhte: «und wirde ich von im wunt,
195 daz würde mit dem halben heil;
die andern werdent mir ze teil.»
sî gienc hin und saz hin für
und tet vil lîse zuo die tür.
diu frouwe disem ez wol bôt.
200 wes sî dô phlâgen, des ist unnôt,
daz ich daz ieman tuo bekant.

Der wirt erwachte. dô er vant
sîn wîp niht an dem bette sîn,
er sprach: «welt ir noch spotten mîn?»
205 sî sweic. er sprach: «nu legt iuch her!»
sî sweic. den rigel zucte er
und legte sî für sich unde sluoc,
unz in selben dûhte genuoc.

178 saz *K*] was.   **180** sus *Be*] sunst.   **195** würde *Be*] wurde.
196 werdent *Ha*] werdñ.   **202** erwachte *Ha*] erwachet.   **206** zucte
La] zugkhet.   **208** selben *Ba*] selber.

16

er legte sich nider unde phnach.
210 aber er zorniclîchen sprach:
«gêt ir niht her, iu mac geschehen,
daz ir ungerne muget sehen.»
diu arme dâhte: «und melde ich mich,
sô ist verloren gar, waz ich
215 leides hie erliten hân,
und muoz des guotes abgestân,
daz man mir gît. unsælde hât
mich brâht an dise veigen stat.»
er sprach: «und welt ir niht zuo mir,
220 sô kume aber ich iu sô, daz ir
mich gerne wistet anderswâ.»
er nam den selben rigel dâ
und sluoc ir manigen grôzen slac.
er sprach: «sô ez nu werde tac,
225 sô jeht, ich habe iuch niht geslagen.
ein wortzeichen sult ir tragen,
daz muoz bewæren mir den man,
den ir valschlîch habt verlân.»
die armen er zen füezen swanc
230 und zucte ein mezzer, daz was lanc,
und sneit ir ab ir schœne hâr
oberhalp der ôren gar.
|| er sprach: «ich bin âne angest zwâr, [CCXVIII rb]
daz ir iu müget ein ander hâr
235 gemachen, als ir ûz dem man
einen esel habt getân.»
nu het sô sêre sich erwegen
der wirt, dô er sich wolte legen,
daz er hinviel reht für tôt.

209 legte *F*] leget.   219 niht *K*] nu.   221 wistet *S*] wisset; anderswâ
Be] anderswo.   222 dâ *Be*] do.   227 bewæren *K*] bewarn.   229
zen *Be*] zůn.   230 zucte *Be*] zugket.   232 oberhalp *La*] oberthalb.
233 âne *F*] on.

17

240　Diu frouwe ez wol ir friunde bôt
und gap im urloup und gie hin
wider zuo der kemenâten in.
sî sprach: «gevaterîn, ir sult gân,
ich wil ouch triuten mînen man.»
245　diu arme sprach: «daz triuten mîn
mac wol gên im verloren sîn.
ich enweiz, waz ir im habt getân:
ich hân für iuch ein buoze enphân,
der ich gedenken iemer mac.
250　sô manigen ungehiuren slac
het, ich wæn, nie wîp erliten.
dar zuo hât er mir abgesniten
mîn schœne hâr.» diu frouwe sprach:
«swer niht lîdet ungemach,
255　dem wart nie mit gemache wol.
billîch ich iuch ergetzen sol.»
　　Diu arme gienc ze ir kinden wider.
diu frouwe smucte sich dar nider
zuo ir wirte lîse gar.
260　vor müede wart er niht gewar,
daz in daz vil karge wîp
twanc vil nâhen an ir lîp
und twanc ir wengel an daz sîn.
　　Dô hôch ûfkam der sunnen schîn,
265　der wirt erwachte und sach sî an.
er sprach: «hiet ir daz ê getân,
sô möhtet ir mit ruowe sîn.»
sî sprach: «waz meinst du, hêrre mîn?»
«ich meine, daz ir vil bœsez wîp
270　mir habt beswæret mînen lîp.»

240 ir friunde *Ha*] jrn freunden.　248 buoze enphân *Be*] puesse
emphan.　257 ze ir kinden *La*] zu jren kinder.　259 ir *Be*] jrem.
265 erwachte *Be*] erwachet.　267 möhtet *S*] möcht; ruowe *Be*] růe.
268 meinst du *F*] mainstu.

«mit welhen dingen, hêrre mîn?»
er sprach: «wâ ist daz vingerlîn,
daz an iuwer snüere was
gehangen ab hin ûf daz gras
275 und gelegt an iuwer zêhen?
nu welt ir mir daz aberflêhen,
daz ich vergezze solher tât,
die iuwer lîp begangen hât.»
sî sprach: «zwiu het ich daz getân?»
280 «dâ het ir einen fremden man
heizen komen in daz hac.
diu snuor ûf mînem beine lac.
dô er ziehen die began,
dô kam ouch ich. den selben man
285 begreif ich nâch dem willen mîn
bî dem hâre und den ôren sîn.»
sî sprach: «war tâtet ir den man?»
«ir gewunnet mir in an,
alsô daz iuwern valschen lîp
290 ich iemer hazze, bœsez wîp.»
«sît ich in iu angewan,
nu war hân ich in getân?»
«dô gâbet ir vil valschez wîp
mir mînen esel für sînen lîp;
295 den hieltet ir bî sînen ôrn.
habt ir mich für einen tôrn?
dâ bin ich iu doch zuo ze grâ.»
sî sprach: «waz tâtet ir mir dâ?»
«daz ist an iuwerm rucken schîn.»
300 sî sprach: «seht ir die slege mîn,
so sult ir haben ez für wâr.»
sî endacte sich; dô sach er dar.

272 wâ *Be*] was.   273 snüere *Be*] schnüre.   280 fremden *K*] frömbden.   281 komen *Be*] kumen.   284 den *Be*] dem.   287. 298 tâtet *La*] tet.   292 war *La*] wohin.   295. 296 ôrn: tôrn *F*] oren: toren.

sî sprach: «ist schœn der rucke mîn,
sô mac ez iu wol getroumet sîn.»
305 er sprach: «nu zeiget iuwer hâr!»
«war umbe?» «dâ hân ichz iu gar
abgesniten.» «jâ, ir helt,
und habt || ir mich dar zuo erwelt, [CCXVIII rc]
daz iu von mir troumen sol,
310 daz mînen êren stât niht wol?»
er sprach: «ir lât ez ungern sehen.»
sî sprach: «und ist ez niht geschehen,
sô sît ir gar âne sin,
sô wizzet, daz ich iemer bin
315 iu gehaz und wil ez klagen
dar zuo allen mînen mâgen.»
er sprach: «den zorn welt ir hân
dar umbe, ich müeze ez iu verlân.
wizzet, sîn mac niht geschehen,
320 ich enmüeze iuch schôn gestrælet sehen.»
sî sprach: «welt ir sîn niht enbern,
sô lâze ich iuch ez sehen gern:
sô hân schôn gestrælet ich
gên im, mit dem ir zîhet mich.»
325 sî brach ir rîsen ab in zorn
und sprach: «hân ich mîn hâr verlorn,
daz ist dem leit, durch den ichz tragen
wil an den næhsten vîretagen.»
nu was der frouwen hâr sô lanc,
330 daz ez ir ûf diu hüffel spranc.
der wirt erschrac und dâhte: «ich bin
unsælic und gar âne sin.

---

305 er *Be*] sy.   311 lât ez *Be*] lasset es.   313 âne *Be*] on.   320 ich enmüeze *HaF*] Ich muess; schôn *Be*] schôn.   321 enbern *K*] empern. 324 gên *Be*] gegen.   326 verlorn *Be*] verloren.   328 næhsten vîretagen *Be*] nachsten Veyertagen.   331 erschrac *Be*] erschracke.   332 âne *Be*] on.

wes hân gezigen ich mîn wîp!
ez ist billîch, daz mir ir lîp
335 niemer mêre werde holt;
daz hân ich wol gên ir verscholt.
wâfen, wie ist mir geschehen!
und het ich selber niht gesehen
ir schœnen lîp, ir schœne hâr,
340 ich wolte wænen, ez wær wâr.»
er sprach: «liebe frouwe mîn,
nu lâzet iuwer zürnen sîn,
wan ich mit iu geschimphet hân.»
sî sprach: «des sult ir mich erlân,
345 daz ir die schimphe mit mir hânt,
die mir an mîn êre gânt.
nu suochet solher wîbe muot,
die solhe schimphe hân verguot.»
er sprach: «liebe frouwe mîn,
350 von samît oder baldekîn
gibe ich iu einen mantel guot,
daz ir lât iuwern zornes muot.»
sî sprach: «nu sî durch iuch getân;
ir sults aber fürbaz mich erlân.»
355 Nu möhte wir des wizzen niht,
von welhen dingen diu geschiht
wær geschehen, wan daz wîp,
der zerslagen wart der lîp,
diu sagte ez durch solhen muot:
360 diu frouwe wolte ir niht daz guot
geben, daz sî ir het benant;
dâ von wart uns daz mære bekant.
der iuch der âventiure mant,
der ist von Wildonie Herrant.

336 verscholt *Be*] vescholt.   347 suochet s. w. m. *K*] suechet sôlhe weib genûg, s. sôlhiu wîp gemuot *Be*, s. iu wîp sô gemuot *La*.   350 samît *Be*] samat.   359 sagte *K*] saget.   363 âventiure *Be*] abentheur.

III

Der nackte Kaiser

Der blôze keiser

Welt ir nu hœren unde dagen,
sô wil ich iu ein mære sagen,
daz ich ê gelesen hân:
ein tiutsche crônicâ, dâ ez an
5 ungerîmt geschriben was.
dô ich daz selbe mære las,
dô dûhte ez mich vil wunderlîch.
dô bat ein frouwe minniclîch
mich, daz ich ez tihte
10 und ez gerîmet rihte.
nu hân ich ez durch sî getân
‖ und bitte wîp unde man, [CCXVIII va]
daz sî mich lâzen spottes frî,
ob ez niht wol getihtet sî,
15 und hân die arbeit mîn für guot.
het ich ze tihten wîsen muot:
dâ diende ir gerne mit mîn lîp;
sô liep ist mir daz selbe wîp.
  Ze Rôme ein keiser wîlen saz,
20 der het ez an gewalte baz,
danne ich von keinem habe vernomen.
er was an schatze sô fürkomen,

Überschrift: Das pûechel ist von dem plossen kayser.   5 ungerîmt
K] vngereimet.   11 ich ez *S*] Ichs.   15 hân *K*] haben.   17 diende
K] dienet; ich *vor ir streicht Be*; mîn *K*] meinem.   *vor* 19 *Absatz.*
19 saz *S*] was.

daz er des mêr het danne vil.
nu brach daz guot der mâze ir zil
25 und verkêrte im den muot,
als ez noch vil manigem tuot.
ez huop sô hôch ûf im den sin,
daz er niht wânde, daz man in
iemer funde schadehaft.
30 ez gap ze denken im die kraft,
daz ez niemer möhte geschehen,
daz man in armen solte sehen.
er wânde ouch, ez were iemer
und zergienge niemer;
35 in solher aht er wære,
als rîche, als êrbære
wære er nâch dem tôde sîn.
und het ein kleinez kindelîn
im solhe danke fürgenomen,
40 ez möhte *im* wol ze spotte komen.
nu dâhte niht hier umbe
der rîche, der tumbe,
daz got unser hêrre Krist
aller dinge meister ist
45 und, hêrre aller sache,
ze senfte und ze ungemache
alle die volbringen kan,
den er iegelîches gan.
    Nu kam ez nâch des buoches sage:
50 an dem zwelften suntage
nâch phingesten der keiser gie,
dâ man ein messe anevie.
die sanc man hêrlîche;
die hôrte der rîche.

25 verkêrte *K*] verkeret.   31 niemer *sF*] ymmer.   33 were *sW*] wâre.   35 wære *Be*] ware.   40 möhte *Be*] mocht; im *ist ergänzt*; spotte *sC*] spat.   46 ze, ze *Be*] zu, zu.   48 den *sBe*] dem.   49 buoches *Be*] puechs.

55 als diu messe was getân,
er winkte einem capelân.
zuo dem selben sprach er dô:
«waz sagt daz êwangêliô?»
der phaffe sprach: «ich tuonz iu kunt,
60 got sprichet ez durch sînen munt.
ein wort uns sagt ze jungest dâ
Lucas êwangêlistâ:
swaz sich hœhet, daz wirt nider,
und swaz sich nidert, daz wirt wider
65 gehœhet.» «nein», der keiser sprach.
den phaffen er in zorn ansach
und harte vîentlîche.
er sprach: «swer hie ist rîche,
der sol ouch dort wol rîche sîn.
70 waz solte mir diu êre mîn
und alliu mîn arebeit,
die ich an êre hân geleit?
und solte ein arm mensch dort wesen
hœher unde baz genesen
75 danne ich, des möhte ich mich wol schamen.
ich geloube sîn niht bînamen.
ir sît mit solher rede betrogen,
und swer ez sprichet, der hât gelogen.»
der phaffe sprach: «ich rede niht mê.
80 nu seht, daz ez iu wol ergê.
ir jeht, diu rede mich habe betrogen,
der ez dâ spricht, der habe gelogen.
nie niht bî sînen stunden
und alle, die man || funden   [CCXVIII vb]
85 hât reiniclîche in reinem leben!
die reinikeit hât er gegeben:

58. 61 sagt *F*] saget.   61 jungest *K*] jůngst.   78. 82 spricht *K*] sprichet.   85 reiniclîche *K*] rainklich.

24

dâ von ist er al eine
der reine ob aller reine.
swer liuget, der enist niht rein.
90 dâ von wart nie wort sô klein,
der ez lüge, daz der sî
got mit reinikeit iht bî.
sît er daz niht für guot enhât,
daz liegen sol sîn hantgetât,
95 sô wære im selben liegen leit,
wan lüge ist ein unreinikeit.»
der phaffe stuont an sîne stat,
der keiser got vil lützel bat.

Der keiser was wol zehen jâr
100 gewesen ân gerihte gar.
dâ von wart wærlîche
sô übel stênt daz rîche:
dâ man niht gerihtes vant,
dâ huop sich roup unde brant,
105 als ez noch gewonheit hât,
swâ ez ân gerihte stât.
doch het der keiser sich bewegen,
daz er gerihtes wolte phlegen,
und hiez den lantliuten
110 einen tac bediuten,
an dem er rihten wolte
allez, daz er solte.
ouch het er die gewizzen dran,
daz erz sô lange het verlân,
115 daz er dar umbe wære
gote vil unmære.

Nu was al der schergen sage,
ze Rôme über vierzic tage

88 aller *sC*] allen.   89 enist *K*] ist.   91. 96 lüge *Be*] luge.   95 selben liegen *Ba*] selbe ze liegen.   100 ân *Be*] on.   101 wærlîche *Be*] warleiche.   106 swâ *Be*] wo.   113 dran *Be*] daran.

       der keiser wolte rihten
120 und allez daz verslihten,
       daz unverslihtet wære.
       swer hôrte ditze mære,
       beide arme und rîche,
       die dûhte ez billîche.
125 niuwan die man het funden
       in den selben stunden
       an diepstal und an roube,
       ob er mit der urloube
       den tac het ersprochen?
130 nein, ez wart gerochen
       an den selben alsô,
       daz sî des tages wârn unfrô.
       dô daz zil ein ende nam
       und daz lantvolc allez kam,
135 beide arme und rîche,
       leien und geistlîche,
       nunnen unde phaffen,
       die hieten ze schaffen
       dâ, ich wæne, genuoc.
140 dar kam vil manic frouwe kluoc,
       diu dâ heime wære beliben,
       het sî ir nôt niht dar getriben.
    Dô der keiser het vernomen,
       daz manic frouwe dar was komen,
145 diu edel het und schœnen lîp,
       dô dâhte er: «disiu edelen wîp
       die sehent alle morgen mich;
       dâ von ist billîch, daz ouch ich
       mich schône bade und kleide fruo,
150 daz ich in an den ougen tuo

122 hôrte *K*] hôret.   125 niuwan *K*] nun.   138 hieten *F*] hetten; ze *Be*] zu.   141 wære *Be*] ware.   142 het sî *sF*] vnd het.   145 edel het und *S*] edel was vnd het.   149. 150 fruo: tuo *Be*] frûe: thûe.

und in dem herzen dester baz.»
der keiser ûf sîn phert dô saz
und reit vil spâte durch die stat.
dâ was bereitet im ein bat,
155 dâ gie er in, und habte hie vor
vil manic ritter vor dem tor.
dem keiser wâren dinnen bî
kleiner junkhêrlîne drî
und solher wîbelîn ein teil,
160 diu man dâ vindet ringe veil.
dô der keiser het gebat,
als man ze bade gewonheit hât,
dô sprach er: «man sol giezen an.
wir suln erwarmen unde gân
165 zuo den rossen für daz tor;
dâ wartent unser || die ritter vor.» [CCXVIII vc]
der keiser legte sich ûf ein banc,
als in diu hitze dâ betwanc;
diu venster wurden zuogetân.
170 dô gie ûz der tür ein man,
der was dem keiser gar gelîch,
sîn lîp, sîn stimme hêrlîch,
als ez der keiser wære.
dô sprungen kamerære
175 und reichten im sîn badekleit.
er sprach: «fürwâr, mir ist daz leit,
daz ich sô lange hân gebat;
ich wæne, iuch des verdrozzen hât.»
die ritter sprâchen: «hêrre, nein,
180 ez ist uns ein dienest klein.»
er saz ûf und reit mit in
gegen der herberge hin.

154 bereitet S] berait.   164 suln K] sollen.   167 legte F] leget.
177 sô *ergänzt* sF.

   den kamerǽren wart vil gâch,
   sîn batgewant sî truogen nâch.
185 der an des keisers stat dô saz:
   vil manic ritter vor dem az,
   mit den er vil schimphes phlac.
    Dannoch der tumbe keiser lac
   ze bade und het gemaches vil.
190 ein badekneht im brach daz spil;
   der lief zer badestuben in.
   er sprach: «der keiser *der* ist hin
   gevarn an die herberge sîn.»
   ûz drungen die junkhêrrelîn
195 und legten balde an sich ir kleit.
   sî liefen nâch, wan in was leit,
   daz der keiser ân sî was
   geriten zuo dem palas.
   diu venster man ûfwarf zehant:
200 dâ lac des rîches sarjant
   ûf der dillen alles hie.
   er lachte des, der hin in gie
   und sagte, der keiser wǽre enwec:
   «wes ligt ir dâ, hêr schandenflec?»
205 sprach der knabe dem keiser zuo,
   «ir welt vil lîhte morgen fruo
   uns überfrüewen umb diu kleit,
   diu wir dâ hân, daz wǽre uns leit.»
   der keiser sprach: «nu lât her gân
210 mîne kamerǽre, ich wil mich an
   legen und wil ze hûse varn.
   got sol iuch hînte wol bewarn.
   ich wil mit iu belîben niht,

---

191 zer *Be*] zu der. 192 der *vor* ist *ergänzt Ba*. 194 ûz *s*] sunst.
200 rîches *sK(Anm.)Ba*] reichen. 202 in *Be*] ein. 203 sagte *F*]
saget. 206 welt *Be*] wolt. 207 überfrüewen *sK(Anm.)C*] ůberfůern.

ich wæne, mir *noch* baz geschiht,
215 dâ ich hînt belîben sol.
iuwer kleit stânt mir niht wol.»
der bader sprach: «gê ich nâch in,
sô wæn ich ze lange bin,
ê ich sî vinde, der ir gert.
220 ir habt hiur als vil als vert
kamerære und kleider.
der hân ich weiz got beider
in disem hûse niht gesehen
und *swaz* iu êren ist geschehen;
225 und gewunnet ir die ie:
dem ligt ir ungelîche hie.»
der keiser dâht*e*: «waz sol daz sîn?
ich wæne, sî niht erkennen mîn.
ich wil selb*e* gên hin für,
230 und ist, daz man mir vor der tür
niht wartet mit dem badekleit,
ez wirt ir etelîchem leit.»
der keiser gienc hin für daz tor;
dâ vant er nieman dâ vor
235 noch ûf der gazzen über al.
er hôrt*e* aber grôzen schal
an der herberge sîn
und *sach* von liehten grôzen schîn;
diu truoc man wider einander sâ.
240 er hôrt*e* ouch manigen sprechen dâ,
daz der keiser hete gâz.
er dâht*e*: «vil rîcher got, waz
|| bin ich gewesen mîne zît, [CCXIX ra]
sît man mînen namen gît
245 einem andern und ich stân

---

214 noch *ergänzt Ba.*   221 und *Be*] vnde.   238 sach *nach s ergänzt*.
243 ist das *nach* waz *streicht sL*.

als einer, der nie guot gewan?»
er dâhte, waz im wære guot.
dô lêrte in daz sîn edel muot,
daz er sich schamte und lief hin
250 wider zuo der badestuben in.
die badære sprâchen: «ir sult gân
hin für, und welt ir ruowe hân;
tuot ir des niht, iu mac geschehen,
daz ir ungerne müget sehen.»
255 der blôze sprach: «gesellen mîn,
nu lât mich bî iu hinne sîn
durch got; und sît âne angest gar,
daz iu von mir iht widervar,
niuwan daz iu gevellet wol.
260 mîn herze ist grôzes jâmers vol.»
sî sprâchen: «iuwer herzenleit
daz soltet ir wol hân gekleit
dem keiser, dô der hinne saz.
der möhte iu des gebüezen baz
265 danne wir iu; gât hin für!»
der blôze weinent gie zer tür.
nâch im sî sparten zuo daz tor;
dâ stuont er jæmerlîchen vor.
ein wadel was sîn niderkleit;
270 diu vinster naht was im niht leit,
wan sî im dacte sîne scham.
Dô er an die strâze kam,
dô slouf der ellende
von wende ze wende,
275 unz er kam zem bürgetor.

248 lêrte *S*] lernnet.   252 ruowe *Be*] rûe.   253 tuot *Be*] thuet.
255 gesellen *Z*] geselle.   257 âne *F*] on.   259 niuwan *K*] nůn.   262
soltet *Be*] solt.   264 möhte] moht.   266 zer *Be*] zu der.   268 stuont
Be] stuend.   269 niderkleit *F*] liden claid; *s hat* lynenkleit.   273
slouf *Be*] sloff.   275 zem *K*] zu dem; bürgetor *Be*] Burgetor.

dâ vant er stân nâhen vor
ein burc, dar ûf *er* het gesat
einen, der was gar sîn rât.
dem het er liebes vil getân.
280 er dâhte: «und sol mich armen man
ieman machen sorgen frî,
daz wæne ich wol, daz er daz sî.»
er lief für die burc zehant,
dâ er den torwärtel vant.
285 den bat er sich lâzen in.
er sprach: «sô wære ich âne sin,
lieze ich iuch armen frîheit
her in, ez würde uns beiden leit.
dâ von mugt ir sîn wol enbern.
290 mîn hêrre siht niht tôren gern.»
er sprach: «sô gêt hin, sælic man,
und bittet in *her* zuo mir gân
und sagt im heimlîch alsus,
ich sîz der keiser Gornêus,
295 der im vil liebes habe getân;
des sol er mich geniezen lân.»
der alte man gie hin zehant,
dâ er sînen hêrren vant.
er sprach: «ez ist ein man dâ vor,
300 hêrre, vor dem bürgetor,
der bat sich nennen iu alsus,
er sîz der keiser Gornêus,
und bat mich balde nâch iu gân.
er jach, er het iu wol getân.
305 er ist ein blôzer keiser gar;
sîn lîp ist als mîn vinger bar.»

277 er *ergänzt sK*. 279 liebes vil *K*] vil liebes. 286 âne *Be*] on.
288 her in, würde *Be*] herein, wurde. 289 mugt *K*] muget; enbern
K] empern. 292 her *ergänzt S*. 293 sagt *K*] saget. 294. 302 sîz
Be] sey es. 300 bürgetor *Be*] Burgetor.

der hêrre sprach: «ich wil dar gân,
durch lachen sehen den tumben man.»
der hêrre gie hin für daz tor;
310 dâ vant er jenen wartent vor.
als er den blôzen angesach,
wider sich selben er dô sprach:
«ei, lieber got, waz sol daz sîn?
der ist gelîch dem hêrren mîn
315 an lîbe und an hâre
und an aller der gebâre,
die mîn lieber hêrre hât;
und het ich in in der stat
iezuo ob sînem tische niht lân,
320 ich wânde des, ez wære der man.»
der blôze sprach: «hêr friunt mîn,
ich bin ze den genâden dîn
her bekomen; nu gip || mir rât, [CCXIX rb]
mîn dinc mir jæmerlîchen stât.
325 gedenke des, ich hân dir wol
getân, dâ von dîn triuwe sol
mir râten von den sorgen mîn.»
der hêrre sprach: «wer wænt ir sîn?»
der blôze sprach: «wie redest du sus?
330 ich binz dîn hêrre Gornêus,
der dir vil liebes hât getân.
du weist vil wol, ez wart nie man
dem ich ez büte an dîner stat.
nu bist duz ein mîn næhster rât
335 ie gewesen und soltz noch sîn,
gewinne ich wider die êre mîn.»
der hêrre sprach: «ir sult abgân.
ich hân mînen hêrren lân

---

319 iezuo *Be*] yetzo.   321 hêr *S*] herre.   322 ze *K*] zu.   328 wænt *Be*] wånet.   329 redest du *F*] redestu.   333 büte *Be*] pute.   334 ein *K*] nu; næhster *Be*] nachster.   335 soltz *Ba*] solsts.

mit êren ûf dem palas wît.
340 sît ir im aber gelîche sît,
sô nemt des knehtes roc, der ist grâ,
und loufet von der bürge sâ;
und nennet ir iuch mêr alsô,
ir wert des namen vil unfrô.»
345 der arme sprach: «mîn bester trôst,
des bin ich leider nu belôst.»
    Weinent lief er in die stat,
dâ er des almuosens bat
zer kuchen manigen kuchenkneht.
350 sî sprâchen: «billîch unde reht
ist, daz man iuch hâhen sol,
sît ir iuch niht betragen wol
mugt und doch habt starken lîp;
nu sît ir glanz reht sam ein wîp
355 an lîbe und an hâre.
wir geben iu niht zewâre,
wan daz uns ist âne allen fromen,
und mac iu daz ze staten komen.»
die schüzzel, die sî wurfen hin,
360 daz was die naht sîn bester gewin;
daz az er unde het genuoc.
des morgens er der zuber truoc
ze kuchen manigen wazzers vol;
ich wæne niht, daz ez im wol
365 tet. als er die ahsel want,
sô wart im ein slac zehant.
sî sprâchen: «wê, ir fûler frâz,
ir woltet slâfen, het ir gâz.
iu mac noch iuwer fûlikeit

341 nemt *Be*] nemet.   342 bürge *Be*] burge.   348 almuosens *K*] Almûsen.   349 zer *C*] zu der.   351 hâhen *K*] haben.   353 mugt *F*] muget.   357. 358 fromen: komen *Be*] frummen: kumen.   362 der *L*] den.   363 ze kellere vnd *vor* ze kuchen *streicht sBe*.

370 prüeven manic herzenleit.
oder sît ir dâ von muotes rîch,
daz ir dem keiser sît gelîch?»
als ofte man im daz verweiz,
sô gienc in an ein angestsweiz
375 und wart des merkens vil unfrô;
er schamte sich sîn selbes dô.

Dô man des morgens hete gâz
und er bî sînem gesellen saz,
mit dem er den zuber truoc,
380 der kuchenmeister des gewuoc,
der keiser wær ze gerihte komen.
dô daz der arme het vernomen,
dô dâhte er im: «ich solte gân
und schouwen ditze wunder an,
385 wer der hêrre müge sîn,
der waltet hie der êren mîn?»
er gienc über den market sâ.
dâ sach er, daz vil manigem dâ
sîn houbet was geslagen abe,
390 ob dem was grôziu ungehabe
von wîben und von mannen.
er sach ouch manigen dannen
füeren wider den willen sîn,
dem ein tuoch der ougen schîn
395 het benomen. vil maniger lac
ûf dem rade, der schrîens phlac.
diu dille manigem edelen man
den tac sîn houbet angewan.
er sach ûf hürden brinnen ouch
400 vil manigen un- || geslahten gouch. [CCXIX rc]
er sach der tôten gar genuoc,
den er vil holden willen truoc

383 ich *sC*] er.   386 dann *vor* waltet *streicht K*.   388. 397 manigem *sF*] manigen.   390 dem *s*] den.   399 hürden *Be*] Hurden.

34

und den er niemer het getân
kein leit, swaz sî heten begân.
405 dô er daz gerihte sach,
wider sich selben er dô sprach:
«hêrre got der rîche,
du hâst mir billîche
genomen mîn êre und hâst sî geben
410 dem, der hêrlîch kan leben.
daz solte ich allez hân getân.
swaz ich des versûmet hân,
erfüllet ieman ander daz,
dem wære ich âne schult gehaz,
415 wan er ist, der êren gert.
sô bin ich aller schanden wert;
ich hân niht unz her getân,
wan daz ich guotes vil gewan,
und wart dâ von nie mensch gefreut.
420 die untât nu mîn herze deut.
swaz mir die armen hânt gekleit,
daz wart mit silber hingeleit,
und gie daz allez in mîn schrîn;
und jener muose der klagender sîn.
425 ir klage ist, wæne ich, komen für got;
dâ von bin ich der werlte spot.
er hât in ez gerihtet sô,
daz ich ir klage stân unfrô.
swaz sî geklaget hânt, daz ist wâr;
430 ich gibe mich alles schuldic gar,
got hêrre, ûf die genâde dîn;
ich wil dir iemer büezent sîn
ûf dîn genâde, swie du wil.
mîner bôsheit der ist vil,

414 âne *K*] on; schult *sSF*] schulde.   **420** deut *sL*] treût.
421 hânt *K*] han.   **424** muose *sF*] mûsset.   **426** werlte *K*] welte.
432 büezent *K*] půessende.   **434** mîner *sK*] mein.

435   ouch ist dîner güete mêr.
*s*waz ich hân getân unz her:
dâ kêre dîn genâde zuo,
daz ich es niemer mêr getuo.»
er dâhte: «ich solte fürbaz gân
440   und schouwen disen biderben man,
den man hât an mîner stat
und der mîn rîch besezzen hât.»
er gie für die schranken stân
und slouf hin durch von man ze man.
445   er dranc hin durch in swacher kür,
unz im daz houbet kam hin für
durch daz volc, daz er ansach
den rihter, dem man êren jach.
der jach man im von rehte wol,
450   wan er was aller tugende vol.
der arme nam vil kleine war,
ob er im wær gelîche gar;
nu pruofte er an im sicherlîch,
daz er im was sô gar gelîch,
455   als er sich selben het gesehen.
alsô muose er dâ der volge jehen
in allen und dûhte in billîch,
sît er im was sô gar gelîch,
daz in daz lantvolc het für in.
460   er dâhte: «dar zuo sô ist sîn sin
sô edellîch für mich gestalt,
daz ers genôz und ich entgalt
wider *got*, wan ez ist reht,
sît got ist aller dinge sleht
465   ze rihten über alle die,

---

436 hân getân *sC*] getan han.   438 getuo *Be*] gethue.   444 slouf *Be*] sloff.   453 pruofte *F*] brùefet.   456 muose *F*] muesset.   460 sîn *sHe*] mein.   462 genôz *Be*] genosse.   463 got *ergänzt sC*.

alse wir dâ würken hie.»
diu besten kleit, diu mohten sîn
iendert in des rîches schrîn,
diu het an im der reine gemuot
470 und ouch des rîches krône guot.
　Der reine zuo den fürsten sprach:
«und wære ez iu niht ungemach
und ez mit rehte möhte sîn,
ich wolte in die kemenâten mîn
475 ein wîle gân und komen wider
und aber zuo iu sitzen nider.
die wîle sitze ein fürste her
und tuo ∥ daz reht, swers an in ger,　[CCXIX va]
an mîner stat nâch der urteil.»
480 die fürsten sprâchen: «gât mit heil.
ir habt die zît mit got verzert:
daz lantvolc wol von rehte swert,
daz wir ez nie mêr hân gesehen,
daz solh gerihte sî geschehen.»
485 man half im von dem sezzel abe.
er gie hin, dâ der swache knabe
sîn houbet durch die liute want,
der ê der keiser was genant.
er fuorte in bî dem schophe hin
490 mit im zer kemenâten in.
nâch im daz gadem er beslôz;
den armen sêre des verdrôz.
der hêrre sprach: «wie gât ir sus,
vil tumber keiser Gornêus?»
495 der arme weinent viel für in.
er sprach: «genâde, hêrre, ich bin

468 rîches *sBa*] reichen.　　476 iu *sK*] jn.　　477 fürste *Be*] furste.
479. 480 urteil: heil *S*] Vrtaile: haylɛ.　　489 fuorte *Be*] fuert.　　490
zer *Be*] zu der.　　491 daz g. er *S*] er das g.; beslôz *sK*] zůsloss.　　492
des *sC*] das.　　493 gât *sK*] gar.　　495 weinent *sC*] wainte vnd.

37

sîn niht, der solher êren gert;
ir sît ez unde sîts ouch wert.»
der hêrre sprach: «nu sage fürbaz,
500 und wilt du noch gelouben daz,
daz unser hêrre Jêsus Krist
aller dinge meister ist
und nidert, swen er nidern wil,
und daz im niemer sî ze vil
505 deheiner êren den ze geben,
die man hie siht nâch êren leben?
von wem hâst du die êre dîn
gehabt und nu hâst schanden pîn?
diu beide hât dir geben got,
510 vor êre und nu der werlte spot.
du wândest ie, dir hete geben
dîn êre dîn gewaltic leben.
du sihst wol, dîn gewalt ist klein,
ez welle danne got al ein.
515 du jæhe, dîn phaffe wær betrogen
unde got *der* het gelogen.
sage an, wâ næme du daz wort,
sît got ist aller tugende hort
und aller reinikeit ursprinc?
520 du vil armer müedinc,
erkenne den, der dir hât geben,
ob du wilt, êre, guot und leben;
dâ von sô rihte den willen dîn
stæte nâch dem willen sîn.»
525 der arme weinent vor im lac,
an sînem fuoze er riuwen phlac

---

501 Jêsus *K*] jhesus.   504 sî *ergänzt He*.   510 vor *sC*] die; werlte *K*] welte.   511 ie *Ba*] die; geben *sC*] gegeben.   513 sihst *K*] syhest. 513. 514 klein: al ein *S*] klaine: allaine.   515 jæhe *F*] iahest.   516 der *ergänzt sF*.   517 wâ *Be*] wo; næme *K*] namest.   521 geben *sC*] gegeben.   526 fuoze *Be*] fuesse.

über al die schulde sîn.
er sprach: «genâde, hêrre mîn,
ich gibe mich schuldic gote und iu,
530 daz ich bin valsch und ungetriu
mînem schepher her gewesen;
und welt ir helfen mir genesen,
nâch iuwerm râte ich leben sol,
sît ir bekennet mich sô wol.»
535 er sprach: «sît du dich schuldic hâst
geben und dich nu wîsen lâst,
sô stant ûf und merke mich:
gotes engel der bin ich.
nu nim hin dîniu keisers kleit
540 und lâ dir fürbaz wesen leit
allez, daz dir niht gezeme
und swaz dir gotes hulde neme.
merke, dir hât got getân
baz danne einem andern man,
545 daz er dich hie gebezzert hât.
und wilt du fürbaz mînen rât
behalten, sô wirt dir gegeben
nâch dirre wunne ein wunneleben.»
als im der engel angeleit
550 sîniu keiserlîchiu kleit
und im die krône guldîn
satzte ûf daz houbet sîn,
er sprach zem keiser al zehant:
«nu habe dir wider dîniu lant
555 unde dîne hêrschaft.
bis biderbe unde herzenhaft
an alle || diu, daz sî nâch got; [CCXIX vb]
des bin ich zuo dir gotes bot.»
er viel im gên den füezen sîn

527 al *Be*] alle.   533 iuwerm *Be*] ewrem.   549 angeleit *Be*] ane geleit.
552 houbet *Be*] haubte.   553 zem *Be*] ze dem.   559 gên *K*] gegen.

39

560 und sprach: «genâde, hêrre mîn,
nu wert mîn bürge hin ze got,
daz ich wil alliu sîn gebot
mit guotem willen mêr begân.»
hie mit der engel schiet von dan.
565 Der keiser gie zen fürsten wider
und saz an daz gerihte nider.
nieman melden in began,
wan er was als der getân,
der ê an sîner stat dâ saz.
570 ob er den armen rihte baz,
danne er dâ vor het getân?
jâ, dâ habt niht zwîvel an.
    Daz teidinc werte zwelf tage.
dô er verslihte al die klage,
575 dô bat er eine stille geben.
er sprach zen fürsten: «ich wil leben
fürbaz nâch iuwerm willen sô,
daz ir mîn sît ze hêrren frô.
ich bitte iuch, heizet ruofen hie,
580 daz zuo mir komen alle die,
den ich iht leides hân getân.
die wil ich alsô von mir lân,
daz sî sint die wünscher mîn;
und swem ich iht des erbes sîn
585 ân des rîches reht vorhân,
dem wil ichz allez wider lân.
hân ich ân reht mîn mûte dehein,
die lâze ich ab. ez ist unrein
daz guot, daz ich dâ mit gewan.
590 mîne münze lâze ich stân

---

565 zen *Be*] zu den.   573 teidinc *K*] tâding; werte *Be*] werete.   574 verslihte *K*] verschlichtet; al *Be*] alle.   576 zen *Be*] zu den.   577 iuwerm *Be*] ewrem.   578 hêrren *Bech bei S*] herzen.   479 ruofen *K*] růeffen.   580 komen *K*] kumen.   587 ân *Be*] on; dehein *F*] kein.

als lange, und iu gevellet wol
und ez daz lantvolc hât für vol.
und habt ir iendert bœsez reht,
daz wirt nâch iuwerm willen sleht.»
595 die fürsten sprâchen: «hêrre guot,
wir loben got, daz iuwer muot
sich hât vereinet nu mit got.
dâ von sô sul wir iuwer bot
ie mêr tuon williclîche,
600 beide arme und rîche.»
der keiser tet, alz er ez het
gelobt den fürsten, an der stet:
er teilte alsô sîn varent guot,
daz allez daz was wolgemuot
605 von im, daz dâ volkes was.
    Heimlîch er gie ûf sîn palas
und sant nâch den, die im dâ bî
wâren nutzer fürsten drî:
ein bischof und ein abbet grîs
610 und ouch sîn bîhtigære wîs.
der keiser sprach: «nu râtet an,
sît daz ich gar vergolten hân
allen, die sîn hânt gegert:
die sint vil reiniclîch gewert.
615 noch ist mir über worden guot,
dâ mit ich willen unde muot
hân ze stiften klôster vil,
wan ich sîn niht behalten wil.
ez ist mich *niht* mit reht ankomen
620 und hât mir nâch mîn sêl benomen.

---

594 iuwerm *Be*] ewrem.   598 sul *K*] sol.   599 ie mêr *K*] ymmer.
601. 602 het: stet *K*] hat: stat.   603 teilte *Be*] tailet.   605 daz dâ
volkes *Bech bei S, F*] alles das volck.   613 den *vor* die *streicht F.*
617 ze *Be*] zu.   619 niht *ergänzt K.*

dâ von wil ich sîn niemer mê
gewinnen alse vil als ê.
sî daz iu iht gevalle baz,
daz tuon ich unde lâze daz.»
625 sî sprâchen: «hêrre, wer wære der,
der iu sô reiniclîcher ger
widerriete oder umbe waz?
got wære billîch dem gehaz.»
der keiser sprach: «sô nemtz iuch an;
630 ich gibe iu allez, daz ich hân
an golde, an silber, des ist vil
(wan ich fürbaz niht schatzen wil,
wan waz mir mîn reht bejage).
daz wil ich teilen alle tage
635 durch got und *umb* des rîches nôt.
ich wil daz schaffen, lige ich tôt,
|| daz der tiuvel dâ iht sî   [CCXIX vc]
mir nâch mînem scheiden bî.»
    Der keiser rihten sich began,
640 daz beide wîp unde man
ez heten dâ für und was wâr,
daz er wære heilic gar.
    Nu bitte ich got, daz er durch in
mir reine mînen tumben sin.
645 hêrre got, diu tugent dîn
diu ist an disem hêrren schîn
in dirre werlte worden gar.
der het ê vil und wart dô bar
êren unde kleider.
650 dâ nâch gæbe du im beider
in dirre werlte genuoc.

---

628 wære *Be*] war.   632 schatzen *Be*] schåtzen.   635 umb *vor des nach s ergänzt.*   638 scheiden *Ba*] schaden.   644 reine *S*] rainig.
647 werlte *K*] welt.   650 gæbe *F*] geb.   651 werlte *K*] welte.

```
         du machtest in gên dir sô kluoc,
         daz er dir hât verdienet an
         daz beste, daz ie mensch gewan:
655      daz ist dîn rîch, vil rîcher Krist.
         sît du sô voller tugende bist,
         sô erzeige an mir die tugende dîn,
         und tuo daz durch den willen sîn;
         ze vordrist, lieber got, durch sî,
660      diu dir ist aller næhste bî:
         daz ist diu edel muoter dîn;
         durch alle, die dir liep sîn
         ze himel oder ûf der erde:
         sô schaffe, daz ich werde
665      hie gar mîner sünden bar
         und êwiclîchen wol gevar.
         des ger ich armer Herrant
         von Wildonie genant.
```

652 machtest *K*] machest; gên *Be*] gegen.   659 ze *K*] zu; got *ergänzt Ba*.   660 aller næhste *K*] allernachste.   665 sünden *Be*] sunden.   667 Herrant *K*] Herant.   668 Wildonie g. *K*] Wildenaw g. Amen.

IV

Die Katze

Diu katze

    Ein katze lac und het gemach;
    ûf einem oven daz geschach.
    ir man, ein kater, stuont dâ bî,
    der was sînes muotes frî.
5 er ranzte sêre und sach sich an.
    er sprach: «ein tier sô wolgetân
    als ich, daz, wæne ich, iendert sî,
    und bin doch dirre katzen bî.
    ich bin küene und dar zuo starc,
10 ich bin snel und dar zuo karc,
    schœne und edeles lîbes:
    sol ich dâ bî des wîbes
    mich betragen, diu hie lît,
    sô het ich gar mîne zît
15 verzert mit swachen dingen.
    mir sol noch baz gelingen.
    sô edel sô schœne ist niendert wîp,
    sî enminne gerne mînen lîp.
    dâ von wil ich durch minne varn.
20 got sol iuch ân mich wol bewarn!»
      Er dâhte, wâ er funde ein wîp,
    diu edel het und schœnen lîp
    und het dâ bî gewaltes vil.
    er dâhte: «fürbaz ich enwil

Überschrift: Ditz pûechel ist von der katzen.   18 enminne *F*] mynne.
21 wâ *Be*] wo.   22 schœnen *Be*] schonen.   24 enwil *Ba*] wil.

25 wan zuo der sunnen, diu hât maht.
    ir schîn hât al die werlt bedaht.»
    er kam zer sunnen unde sprach:
    «vor maniger zît ich nie gesach
    deheine brût sô wolgetân;
30 und welt ir loben mich ze man,
    sô lobe ich iuch ze rehter ê.»
    diu sunne sprach: «nu sagt an mê,
    wie ist iuch der muot ankomen?
    war umbe habt ir niht genomen
35 ein wîp, diu sich iu füeget baz?»
    «daz hân ich lâzen umbe daz:
    ich wil ein wîp, zuo der gewalt
    sich || hân deheiniu dinc gezalt.»   [CCXX ra]
    diu sunne sprach: «wil iu gezemen,
40 sô mugt ir wol ein andre nemen,
    diu hât gewaltes mêr danne ich.»
    der kater sprach: «dar wîset mich.»
    diu sunne sprach: «sô ich ûfgân
    und gar in mînen kreften stân,
45 sô kumt gewalticlîchen dar
    ein nebel und benimt mir gar
    mînen wünniclîchen schîn.
    der gewalt muoz grœzer sîn,
    daz mugt ir selber wol verstân;
50 die nemt ze wîbe und wert ir man.»
    der kater sprach: «sô var ich fürbaz;
    daz sult ir lâzen âne haz.
    bî dirre schœne manicvalt
    soltet ir wol hân gewalt.»

26 werlt *K*] welt.   27 zer *Be*] zu der.   30 welt *Be*] wolt.   33 ankomen *Be*] ankumen.   39 gezemen *Be*] gezamen.   40. 49 mugt *K*] mûgt.   45 kumt *Be*] kumet.   48 grœzer *Be*] grosser.   52 âne *Be*] one.   53. 54 bî dirre schœne m. soltet *Z, Ba*] bey Thier schone m. solt.

55   Der kater fuor. dô er ansach
     den nebel, zühticlîch er sprach:
     «got êre iuch, frouwe wandels frî,
     ich wil mit stæte iu wesen bî
     und wil mir iuch ze konen nemen.»
60   «war umbe wil iuch des gezemen?»
     «daz sage ich iu: ein wîp ich wil,
     diu sô gewaltes habe vil.
     durch schœne und durch gewalt was ich
     zuo der sunnen; diu hât mich
65   gewîset zuo iu unde sprach,
     des ich ir niht ze prîse jach.
     sî sprach, ir het gewaltes mê
     dan sî; daz tuot *mir* iemer wê,
     wan ich wær gerne dâ beliben.»
70   der nebel sprach: «iuch hât getriben
     zuo mir, daz manigen tumben man
     niht gemaches lât enhân.
     welt ir gewaltic hân ein wîp,
     sô vart, dar wîset iuch mîn lîp:
75   dem winde ich kan gestrîten niht.
     swie hôch, swie dicke man mich siht
     ûf bergen und in allen taln,
     dâ lât er niemer mich entwâln,
     er entrîbe mich unz an die stat,
80   dâ mîn gewalt gar ende hât.»
     der kater sprach: «ich var dâ hin;
     mich hât betrogen hie mîn sin.»
         Er vant den wint gewaltes rîch.
     er sprach: «ich bin vil sæliclîch
85   her bekomen, frouwe guot.»
     der wint sprach: «sagt mir iuwern muot.»

64 sunnen *Be*] sunne.   68 mir *ergänzt K*.   77. 78 taln: entwâln *K*]
talen: entwalen.   79 entrîbe *F*] tribe.

46

«den sage ich iu: ich hân den muot,
daz mich niht wîbes dunke guot,
wan diu müge vil gewaltes hân.
90 zem nebel was ich, der hât lân
mich gar âne ende von im varn.
er jach, welle ich mich wol bewarn
mit einem wîbe hêrlîch
und diu gewaltes wære rîch,
95 sô solte ich nemen iuch ze trût.
nu hœre ich iuch in solher lût,
daz ich gewalt hie ze iu verstân.»
der wint sprach: «sô ir sît ein man,
der durch gewalt ein konen wil,
100 die zeige ich iu, diu hât sîn vil
und ist mir hie nâhen bî;
diu hât gewalt mêr dan mîn drî:
ein œde mûre bî mir lît,
an die hân ich bî mîner zît
105 geblâsen und gestürmet vil.
nu hât sî unz an ditze zil
erwert sich aller mîner maht,
daz ir niht vallens ist gedâht.»
der kater sprach: «des wundert mich,
110 daz iht dinges ist, daz sich
vor iuwerm büllen mac bewarn.
ich muoz et aber fürbaz varn.»
    Er kam zer mûre unde || sprach: [CCXX rb]
«mir ist liep, daz ich iuch ie gesach,
115 durch iuwer grôze êrbærkeit.
mir hât der wint von iu geseit,
des ich zewâr geloube niht.

---

89 diu *K*] du; müge *F*] mugest.   90 zem *Be*] zum.   97 ze iu *Be*]
zu euch.   111 iuwerm, bewarn *Be*] eẇrem, bewaren.   112 muoz
Be] mues.   113 zer *Be*] zu der.

      sô gedultic man iuch siht,
      sült ir dâ bî gewaltes phlegen?
120 sô hân ich, wizzet, mich bewegen,
      swenne ich hôrte den wint sô varn,
      ir soltet iemer iuch bewarn
      vor im ein sumerlange naht.
      dô sagte er mir, ir habt die maht,
125 daz ir sît wol hundert jâr
      vor im gewesen sorgen bar.
      sît ir vor sînem sturm genesen,
      sô wil ich stæte mit iu wesen
      und wil iuch êrbæriclîchen hân.»
130 diu mûre sprach: «daz ich hie stân,
      daz ist von gewalte niht.
      ein kleinez kunterlîn man siht,
      daz hât gewaltes mêr danne ich;
      des kan ich niht erweren mich.
135 ez hât wol tûsent loch gemacht
      in mich; nu ist mir niht gedâht,
      daz ich mich sîn erweren müge.
      seht, ob ich iu ze wîbe tüge.
      hie ist ez frouwe und ich sîn hûs.
140 zewâre ez hât diu selbe mûs
      mit mir gewaltes mêr getriben
      dan der wint, vor dem ich beliben
      wære noch vil lange stunt.
      ez hât von oben unz in den grunt
145 gekrenket mich mit sîner maht,
      daz mir ze vallen ist gedâht.»
      der kater sprach: «mîn tumbiu vart
      wær mit iu niht wol bewart.
      waz solte mir ein krankez wîp?

121 swenne *K*] wann.   122 soltet] solt.   124 sagte *K*] saget.
129 êrbæriclîchen *F*] erberclichn̄.   142 dan *F*] wann; *vor* ich *unterpungiertes* bin.

150 swie kleine sî der miuse lîp,
sô nime ich sî durch ir gewalt.»
er sprach: «ez ist gar manicvalt
mîn ungelücke ze mîner ê.
mir mac noch ofte werden wê,
155 ê ich durchvar gar alliu lant.»
er sprach: «nu tuot mir daz bekant,
wâ ich sî vinde, der ich ger.»
diu mûre sprach: «nu luoget her,
sî lît an ir gemache hie.»
160   Der kater blîdiclîch dar gie.
er sprach: «got êre iuch, fröuwelîn,
ich wil mit iu gewîbet sîn;
ir sît mit mir gemannet wol.
diu mûre hât mich freuden vol
165 gemachet; sî hât mir gesaget,
daz mir zewâre wol behaget.
sî giht, ir habt gewaltes vil;
dar umbe ich fürbaz niht enwil.
nu gêt her für, ich nime iuch gern.»
170 diu mûs sprach: «des wil ich enbern,
ich kume zuo iu niht für daz hol.
welt ir gewîbet werden wol,
sô sult ir nemen mîn meisterîn.»
der kater sprach: «wer mac diu sîn,
175 durch die ich iuwer mich bewige?»
diu mûs sprach: «stæticlîch ich phlige
solher huote vor ir zorn:
kæme ich hin für, ich wær verlorn,
dâ sî begrîfen möhte mich.
180 unz an den dritten tac bin ich

150 miuse *Be*] maûse.   151 ir *Be*] jren.   157 wâ *Be*] wo.   158 mûre
Be] maus.   170 enbern *Be*] empern.   175. 176 bewige: phlige *Ba*]
bewege: phlege.   177 huote *Be*] huete; ir *Be*] Irem.

ungâz und ungetrunken gar,
dar umbe, daz ich mich bewar
vor ir grimmiclîchem zanen.
nu stêt ûf hôher, ir welt manen
185 mich der frouwen grimmiclîch,
wan ir sît ir gar gelîch.»
der kater sprach: «wer mac diu sîn,
diu mir habe gelîchen schîn?
|| ich wæn wol, ir erjaget mich.» [CCXX rc]
190 diu mûs sprach: «hêrre, nein ich.
sî ist rehte als ir getân.
vor vorhten ich iu niht enkan
bediuten, wie ez ist gewant
umb sî, wan daz sî ist genant
195 mîn frouwe katze. wenne ich sol
sî nennen, daz tuot mir niht wol.»
der kater sprach: «ir sult niht mê
den namen nennen alsam ê.
ich wæn daz wîp bekenne wol.
200 und sol ich haben die für vol,
die ich ê versmæhet hân?
ich hân zewâre missetân.
sî was mir biderbe und edel genuoc.
daz ich der tôrheit ie gewuoc,
205 daz mac danne *an* mir ergân.
wie sol ich sî gesehen an?
ich hân einen trôst gên ir:
sî hât erzeiget wîlen mir
triuwe und manige diemuot.
210 nu muoz mich von ir dunken guot,
des ich het wîlen guoten rât,

---

183 ir *Be*] Irem; grimmiclîchem *F*] grymmiklichen; zanen *S*] zanne.
184 manen *K*] manne.   197 niht *K*] mir.   198 namen *Be*] nam.
205 an *ergänzt K*.   209 diemuot *Be*] diemůt.

   sît sî mîn lîp beswæret hât.
   sî mac daz wol an mir verstân.
   und möhte ich sî verbezzert hân,
215 ich wære bî ir niht beliben.
   nu hât her wider mich getriben,
   daz man anderswâ niht ruoche mîn.
   sol ich ir willekomen sîn,
   sô muoz sî sîn gar tugende vol;
220 ich hân ez niht gedienet wol.
   owê, wie wirt gên mir ir gruoz?
   ich wæne, daz ich lîden muoz
   vil manige smæhe, daz ich ir
   erzeige mînes herzen gir
225 und des hân stæticlîchen wân,
   daz sî sîn ist fürbaz erlân.
   ich wil zuo ir, swie ich gevar.
   nu wünschet mir gelückes dar.»
    Der kater fuor, dâ er ansach
230 die katze, diu het ir gemach,
   dâ er sî ê oft het gesehen.
   er sprach: «mir ist vil wol geschehen,
   daz ich die rehten frouwen mîn
   hân funden, bî der ich sol sîn.»
235 diu katze ûfblicte und sach in an.
   sî sprach: «daz mac mir wol versmân.»
   sî legte sich nider an ir gemach.
   der kater vorhticlîchen sprach:
   «nu gunnet mir ze reden mit iu.»
240 diu katze sprach: «sît ir getriu?
   des suln iu die kunden jehen.

212 mîn *Be*] meinen. 217 anderswâ *Be*] anderswo. 218 willekomen *Be*] willekumen. 223 smæhe *K*] schmahe. 225 stæticlîchen *Be*] statticlichen. 230 ir *Be*] jren. 231 er sî *F*] ers. 233 rehten frouwen *Be*] rechte frawe. 239 gunnet mir ze *He*] gewynnet mir ye ze. 241 suln *F*] sůllen.

sagt an, wie ist iu geschehen?
nu wârt ir schœne und starker lide;
hât man iuch an einer wide
245 behalten, dar ir wârt gegân
und woltet mich verbezzert hân?»
er sprach: «ein wide ich hân getragen
umb mînen ungetriuwen kragen:
mîn untriuwe ist mir ein wide.
250 frouwe, nu lât ez wesen fride
und vergebt mir; übel ich hân
nâch manigen triuwen iu getân.
doch hân behalten ich ein wort,
daz mir an nœten ist ein hort
255 (ich wil iu fürbaz wesen sleht):
genâde ist bezzer danne reht.»
diu katze sprach: «tæte ich nâch iu,
so wære ich als ir ungetriu;
ich wil ez mînhalp bezzer lân,
260 wan ich sihe iuch in riuwen stân.
swen riuwen wil sîn missetât,
des mac mit freuden werden rât.»
 Wem ditze mære gelîchen kan,
daz sage ich iu: ein ietslîch || man   [CCXX va]
265 sol sînen hêrren hân für vol.
als er in wænt verbezzern wol,
so hât er ze arge in gar verkorn,
und ob er hœher ist geborn
und rîcher, dan der êrste was,
270 mit dem er ennenher genas.
als er ze eim fremden ist gegân,
sô muoz er êrste heben an

---

243. 245 wârt *K*] waret. *vor* 263 *Absatz.* 266 wænt *K*] want. 267 ze arge *K*] zarg. 268 hœher *Be*] hoher. 270 ennenher *Ba*] enher. 271 ze eim *F*] zun; fremden *Be*] frômbden. 272 er *ergänzt Be.*

52

      und muoz dienen ûf die tage,
      daz er dem selben wol behage.
275 und wære er dort bî im beliben,
      bî dem er het sîn zît vertriben,
      der müese denken im dar an,
      daz er im dienst ê het getân.
      dient er dem fremden durch gewalt,
280 sô ist er tump und einvalt,
      wan der gewalt sîn selbes ist.
      daz hilfet disen ze langer frist
      niht, wan daz er smâcheit
      nâch dienest al den tac vertreit.
285 als man in versmæhet hât,
      und daz er daz wol verstât,
      sô vert *er* aber fürbaz;
      sô widervert im aber daz.
      als er des vil versuochet hât,
290 sô denket er hin an die stat,
      dâ er sîn jugent hât vertriben.
      er gedenket: «wære ich dâ beliben,
      sô het ich noch die triuwe mîn
      und möhte ez noch gebezzert sîn.»
295 er vert hin heim, und vindet er
      den hêrren sîn in solher ger,
      daz er *in* fürbaz hât für vol:
      dem hêrren sol er dienen wol,
      und lâze al sînen übermuot
300 und habe die katzen sîn für guot.
      den rât iu râtet Herrant
      von Wildonie genant.

---

277 müese *K*] mûss.   279 fremden *Be*] frômbden.   282 ze *Be*] zu.
285 versmæhet *K*] verschmachet.   287 er *ergänzt K*.   289 versuochet
Be] versuechet.   296 solher *Be*] solicher.   297 in *ergänzt K*.   299
al *Be*] allen.   301 Herrant *K*] Herant.   302 Wildonie *K*] Wildonien.

GLOSSAR

angiezen: zur Dampfentwicklung Wasser auf erhitzte Steine gießen
baldekîn m. n.: ein golddurchwirkter Seidenstoff
behern berauben
benemen refl. sich losmachen, sich retten
besetzen (part. *besat*) zum Pfand setzen
besiffeln hingleiten über
betragen refl. sich nähren, seinen Unterhalt haben; sich begnügen
bewæren bezeugen, als wirklich erweisen
bewarn auch: vermeiden, verhindern
bewegen sich entschließen; verzichten; die Hoffnung aufgeben, nicht glauben können
bezzern verbessern, büßen
blîde, blîdiclîch froh
büllen brüllen
dagen schweigen
deuwen büßen
dille f. Brett, Bretterboden
doln leiden, ertragen
enein werden mit sich eins werden
entwâln sich aufhalten
ergetzen entschädigen
erjagen foppen
erkomen erschrecken
erschrecken erschrecken, auffahren
ersprechen, den tac den Gerichtstag festsetzen, die Gerichtsverhandlung einberufen
erwegen anstrengen
et halt doch
f siehe *v*
gâch eilig; *gâhen* eilen
gadem n. Kammer
gast sîn fremd sein, unbekannt bleiben
gedagen (ver-)schweigen
gemach m. n. bequeme Lage, Wohnung
gereise m. Gefährte
gerumphen (part. zu *rimphen*) runzlig, eingeschrumpft
gewähenen (prät. *gewuoc*) erwähnen; denken an
gewizzen f. Bewußtsein
gouch m. Narr
hac n. umfriedeter Garten
hantgetât f. Geschöpf
hingiezen triefen
hînt(e) adv. heute Nacht
hôher auch: zurück; *hôher ûf stân* sich entfernen
hüffel n. Hüfte
huote f. Vorsicht
jehen sagen, zusprechen; *der volge jehen* beistimmen

karc listig, schlau, klug
kone f. Gattin
kranc schwach; *krenken* schwächen
kunter n. Tier, Untier; *kunterlîn* Tierlein
kür f. Art und Weise
loben heiraten; loben
mâc, mâge m. Verwandter
mort tot
müedinc m. Tropf
mûte f. Zoll
phnehen keuchen
prüeven bereiten, bewirken
pühel f. Fackel
ranzen sich strecken
rigel m. Holzprügel zur Türverriegelung, Türbalken
rîse f.: Schleier, weibliche Kopfbedeckung
sarjant m. Diener
schatzen besteuern, Geld nehmen
scherge m. Gerichtsbote
schimph m. Scherz; *schimphen* scherzen
sliefen schlüpfen
smücken schmiegen
teidinc n. Verhandlung
triuten liebkosen
überher n. Übermacht, Oberhand
überfrüewen bestehlen
ungehabe f. Klage
unmære verhaßt
urlouge n. Kampf
urloup m. n. Erlaubnis, Zustimmung
veige verwünscht
verbezzern gegen Besseres vertauschen
verkiesen aufgeben
vertragen davontragen, erdulden
verzîhen refl. verzichten
vingerlîn n. Fingerring
flætic schön
vol: für vol hân zufrieden sein mit
vorhân vorenthalten
frâz m. Fresser
frîheit m. Landstreicher
wadel m. n. Badewedel
wan auch wie *niuwan:* nur
wât f. Kleidung
wide f. Strick, Strang
wîlen adv. einst
wort n. Ausrede, Rechtfertigung
wortzeichen n. Wahrzeichen, Zeichen
zanen mit den Zähnen fassen, beißen
zefüeren beenden, schlichten
zil Zeitpunkt, erfolgreiches Ende; Frist
zwiu wozu

Bei Fragen zur Produktsicherheit wenden Sie sich bitte an:
If you have any questions regarding product safety,
please contact:

Walter de Gruyter GmbH
Genthiner Straße 13
10785 Berlin
productsafety@degruyterbrill.com